AF305643

Collection de M. B...

PARIS. — Imp. C. CHAUFOUR

8-10, rue Milton

VENTE

Le Mercredi 23 Décembre 1903

HOTEL DROUOT, SALLE N° 9

A 2 HEURES 1/2

EXPOSITION PUBLIQUE

Le Mardi 22 Décembre 1903

DE 2 HEURES A 5 HEURES 1/2

TABLEAUX

AQUARELLES — DESSINS

Pastels

GOUACHES — MINIATURES

GRAVURES

formant la

Collection de M. B...

Mᵉ **GEORGES BONNAUD**

COMMISSAIRE-PRISEUR

23, Rue Le Peletier

M. F. MARBOUTIN

PEINTRE-EXPERT

3, Passage des Petites-Ecuries

CATALOGUE

DES

TABLEAUX

Aquarelles, Dessins, Pastels

GOUACHES — MINIATURES

GRAVURES

par

E. Bennassit, Cals, E. Cottin, N. Diaz, Gustave Doré, Faverot
Ch. Frère, Léon Gérôme
L. Goupil, Isabey, G. Michel, Eug. Petit, F. Perida
L. Piette, Henri Pille, Poilpot, Th. Ribot
Riottot, Roqueplan, Th. Rousseau, F. Roussel, Tholer
A.-R, Veron, Horace Vernet, A. Vollon, Walcker, A. Weiz
etc.

DONT LA VENTE AURA LIEU

HOTEL DROUOT, SALLE N° 9

Le Mercredi 23 Décembre 1903, à 2 heures 1/2

<table>
<tr><td>

M° Georges BONNAUD
COMMISSAIRE-PRISEUR
23, *rue Le Peletier*, 23

</td><td>

M. F. MARBOUTIN
PEINTRE-EXPERT
3, *passage des Petites-Ecuries*

</td></tr>
</table>

EXPOSITION PUBLIQUE

Le Mardi 22 Décembre 1903, de 2 heures à 5 heures et demie

CONDITIONS DE LA VENTE

La vente sera faite expressément au comptant.

Les acquéreurs paieront dix pour cent en sus des enchères.

L'exposition permettant au public de se rendre compte de la nature et de l'état des tableaux, il ne sera admis aucune réclamation une fois l'adjudication prononcée.

Imp. C. Chaufour, 8-10, rue Milton, Paris

DÉSIGNATION

TABLEAUX

BRANDON

I — Ste Brigitte.

Etude.

Toile : 33×22.

CALAME (Att. à)

2 — Oberland Bernois.

Panneau : 46×38.

CALS

3 — Jeune mère.

Panneau : 12×10.

CALVÈS (G.)

4 — Chevaux. Coupe de bois.

Toile : 55×38.

COROT (Att. à).

5 — Effet de neige.

Panneau : 25×20.

COTTIN (Eugène).

6 — Marins (Siège de Paris 1870-71).

Panneau : 17×11.

COUSSEDIÈRE (Ch.).

7 — Bords de Seine. Effet du soir.

Panneau : 22×16.

DIAZ (N.).

8 — Groupes de femmes au bord d'une rivière. Signé et daté 1850.

Toile : 46×38.

DUPRÉ (Ecole de J.).

9 — Paysage. Soleil couchant.

Panneau : 21×16.

FAVEROT

10 — Clown.

Toile : 46×38.

FRÈRE (Ch.).

11 — Chez le maréchal-ferrant.

> Panneau : 5o×31.

GAUTHIER (H.).

12 — Intérieur de bergerie.

> Toile : 55×35

GOUPIL (L.).

13 — Rêverie.

> Plaque métal : 39×27.

14 — Tête de jeune femme. Costume véni-
tien xve siècle.

> Panneau : 41×32.

ISABEY (E.).

15 — Le bal (Esquisse).

> Panneau : 22×13.

LAMOIS,

16 — Sous bois.

> Panneau : 22×16.

LAURENS (Att. à J. P.).

17 — Tête de moine.

Toile : 46×34.

LAUNAY (F. de).

18 — Tête de femme.

Toile : 41×33.

MAILLARD (B.).

19 — La Seine à Lavacourt (Seine-et-Oise).

Toile : 55×35.

MICHEL (G.).

20 — Paysage.

Panneau : 16×12.

PETIT (Eug.).

21 — Roses dans un panier.

Toile : 82×59.

22 — La Table du jardinier. Roses.

Toile : 65×49.

PETIT (Eug.)

23 — Pêches et poires.

Toile : 73×54.

24 — Chemin près Auvers (Seine-et-Oise).

Toile : 60×41.

25 — Pêches et accessoires.

Toile : 62×50.

26 — Roses et coffret.

Toile : 55×46.

27 — Bords de Marne.

Panneau : 37×22.

28 — Lilas dans un vase.

Panneau : 33×24.

29 — Effet de brume.

Panneau : 45×37.

30 — Fleurs des champs.

Panneau : 29×19.

31 — Giroflées et roses dans un vase en cuivre.

Toile : 60✕35.

32 — Pivoines et accessoires.

Toile : 81✕65.

PERÉDA (F.).

33 — Tête de femme.

Toile : 46✕33.

PIETTE (Ludovic)

34 — Dernier voile.

Panneau : 41✕29.

POILPOT (T.).

35 — Crépuscule.

Toile : 33✕24.

L. de R. (Attr. à Roquebrune)

36 — Chercheurs de grillons.

Panneau : 22✕17.

ROQUEPLAN (C.).

37 — L'heure du bain.

Panneau : 31×23.

RIOTTOT (A.).

38 — La mare au Ligueurs (Forêt de Fontainebleau).

Panneau : 35×27.

39 — Fleurs.

Panneau : 16×13.

ROUSSEL (F.)

40 — Canal à Venise.

Toile : 55×46.

SISLEY (Attr. à)

41 — Marine (Soir).

Panneau : 35×27.

TASSAERT (Attr. à)

42 — Tentation de Saint-Antoine.

Toile : 36×28.

THOLER (R.)

43 — Pommes.

Toile : 33×22.

V. de B.

44 — Château-Chillon sur le lac de Genêve.

Panneau : 22×16.

45 — Tête de femme.

Toile : 58×26.

46 — Vendanges en Provence.

Toile : 55×38.

VÉRON (A.-R.)

47 — Cabanes de bûcherons (Effet de neige).

Panneau : 41×32.

48 — La Seine à Chatou.

Toile : 73×54.

49 — Méry-sur-Oise (Soir).

Toile : 73×54.

5o — Etang de Chaville (Effet de neige).

Toile : 55×38.

51 — Forêt de Fontainebleau.

Panneau : 32×19.

52 — Environs de Montbazon (Indre-et-Loire).

Panneau : 32×19.

VÉRON (A. R.)

53 — Le Radoubage des bateaux de pêche à Boulogne.

Toile : 33×24.

54 — Forêt de Fontainebleau.

Panneau : 32-19.

55 — Pont sur l'Indre à Montbazon.

Panneau : 38×32.

56 — Marlotte. Forêt de Fontainebleau. Hiver.

Panneau : 41×27.

57 — Garde-champêtre.

Toile : 27×22.

58 — La moisson.

Panneau : 38×27.

59 — Dans les Ardennes. Paysage.

Panneau : 38×27.

60 — Bords de la Meuse.

Panneau : 38×26.

61 — Vieux chênes à Montbazon.

Panneau : 38×30.

62 — Coupe de bois. Forêt de Fontainebleau.

Panneau : 38×24.

63 — Sous bois. Forêt de Fontainebleau.

Panneau : 31×19.

64 — Mare. Forêt de Fontainebleau.

Panneau : 37×31.

65 — Sous bois.

Panneau : 32×19.

66 — Cour de ferme à Montbazon.

Panneau : 32×19.

67 — Chemin, environs de Senlis (Oise).

Panneau : 20×14.

VOLLON (A.)

68 — Singe.

Etude.

Panneau : 21×15.

WALCKER

69 — Chevaux arabes.

Toile : 24×20.

WEIZ (A.)

70 — Odalisque.

Toile : 55×38.

ECOLE MODERNE

71 — Palais ducal à Venise.

Toile : 61×46.

72 — Plafond d'alcôve « Amours ».

Toile ovale : 93×97.

ECOLE FLAMANDE.

73 — Paysage avec cavaliers.

Toile : 41×32.

AQUARELLES — PASTELS

AURORA

74 — La carte de visite. Roses et violettes.

BENNASSIT (E.)

75 — Soldat au tir.

BLATTER (V.)

76 — Bords de la Loire.

ECOLE MODERNE

77 — Portrait de femme.

78 — Pêches.

79 — Roses dans un vase.

80 — Tête de jeune femme, d'après WAT-
TEAU.

81 — Fantaisie.

BARCLAY (J.)

82 — Moulin.

GERBAULT (H.)

83 — Tête de femme.

ISABEY (E.)

84 — L'assassinat du duc d'Orléans.
Esquisse.

PRÉVOST (J.)

85 — Le Point du jour.

S. B.

86 — Le grand canal à Venise.

V. de B.

87 — Pivoines dans un vase.

88 — Mortefontaine.

E. V.

89 — A l'Opéra.

ECOLE MODERNE

90 — Tête de femme.

91 — Mélancolie.

92 — Près Villejuif (1879).

93 — Tête de femme.

DESSINS

DORÉ (Gustave)

94 — Le lion et le renard.
Mine de plomb et plume.

D.

95 — Bords de l'Oise.

HUGO (Attribué à Victor)

96 — Notre-Dame de Paris.

LOWENDAL

97 — Cheval de trait.
>Plume.

PILLE (Henri)

98 — Dessin à la plume.

MÉRINO (J.)

99 — Mendiant espagnol.
>Mine de plomb.

RIBOT (Th.)

100 — Tête de paysan.
>Etude.

ROUSSEAU (Th.)

101 — La rafale.
>Fusain.

VÉRON (A.-R.)

102 — Ruines du château de Montbazon.
>Fusain rehaussé de pastel.

103 — Chiffonnier.

.104 — Village de Clachalose (1854).

105 — Environs de Mézières.

Fusain rehaussé de blanc.

VERNET (Horace)

106 — Dessin à la plume rehaussé a l'aquarelle.

NON SIGNÉS

107 — Entrée de village.

Sanguine sur parchemin.

108 — Tête de femme costume Louis XVI.

109 — Deux vues en Hollande.

Sanguines.

GÉROME (Léon)

110 — Masques comiques et tragiques.

Cire.

GOUACHES ET MINIATURES

111 — Buveur.

> Gouache ancienne.

112 — Sainte Cécile.

> Gouache époque Louis XIV.

113 — Portrait de femme costume Pompa-
dour.

> Gouache.

114 — Paysage.

> Petite peinture sur aluminium.

115 — Portrait de Louis XVI.

> Miniature.

116 — La vielleuse.

> Peinture sur ivoire.

117 — Marine.

> Gouache sur nacre

118 — Portrait de femme époque Directoire.

Cadre Louis XVI.

119 — L'attente.

Peinture sur porcelaine.

120 — Pêcheurs.

Gouache ancienne sur soie.

121 — Paysage.

Gouache sur soie, cadre bois sculpté.

122 — Portrait d'homme époque de la Révolution.

Gouache ancienne.

123 — Portrait de femme époque Louis XV.

ÉCOLE FLAMANDE

124 — A l'auberge.

Aquarelle sur parchemin.

TOCQUÉ (L.)

125 — Un cadre renfermant deux esquisses de miniatures époque Louis XV.

GRAVURES

ET LITHOGRAPHIES

126 — Gravure ancienne (1614).

127 — Le poëte Anacréon.

128 — La ferme de Barbizon (le soir).

129 — Le Bain d'après Descamps.
   Lithographie.

130 — Nymphe d'après Diaz.
   Lithographie.

131 — Un lot de gravures et lithographies.

www.ingramcontent.com/pod-product-compliance
Ingram Content Group UK Ltd.
Pitfield, Milton Keynes, MK11 3LW, UK
UKHW031714170726
13836UKWH00001B/236